This log book belongs to

_____

Date _____ Time _____
Location _____
GPS _____

Machine used

Settings used

Item found	Value

Notes

Date _____ Time _____
Location _____
GPS _____

Machine used

Settings used

Item found	Value

Notes

Date _____ Time _____
Location _____
GPS _____

Machine used

_____

Settings used

_____

_____

Item found	Value

Notes

Date _____ Time _____
Location _____
GPS _____

Machine used
_____

Settings used
_____
_____
_____

Item found	Value

Notes

Date _____ Time _____
Location _____
GPS _____

Machine used

Settings used

Item found	Value

Notes

Date _____ Time _____
Location _____
GPS _____

Machine used

Settings used

Item found	Value

Notes

Date _____ Time _____
Location _____
GPS _____

Machine used

Settings used

Item found	Value

Notes

Date _____ Time _____
Location _____
GPS _____

Machine used

Settings used

Item found	Value

Notes

Date _____ Time _____
Location _____
GPS _____

Machine used

Settings used

Item found	Value

Notes

Date _____ Time _____
Location _____
GPS _____

Machine used

Settings used

_____

_____

_____

Item found	Value

Notes

Date _____ Time _____
Location _____
GPS _____

Machine used

_____

Settings used

_____

_____

_____

Item found	Value

Notes

Date _____ Time _____
Location _____
GPS _____

Machine used

Settings used

_____

_____

Item found	Value

Notes

Date _____ Time _____
Location _____
GPS _____

Machine used
_____

Settings used
_____
_____
_____

Item found	Value

Notes

Date _____ Time _____
Location _____
GPS _____

Machine used

Settings used

Item found	Value

Notes

Date _____ Time _____
Location _____
GPS _____

Machine used

Settings used

_____
_____
_____

Item found	Value

Notes

Date _____ Time _____
Location _____
GPS _____

Machine used

Settings used

Item found	Value

Notes

Date _____ Time _____
Location _____
GPS _____

Machine used

Settings used

Item found	Value

Notes

Date _____ Time _____
Location _____
GPS _____

Machine used

Settings used

Item found	Value

Notes

Date _____ Time _____
Location _____
GPS _____

Machine used

Settings used

Item found	Value

Notes

Date _____ Time _____
Location _____
GPS _____

Machine used

Settings used

Item found	Value

Notes

Date _____ Time _____
Location _____
GPS _____

Machine used

Settings used

Item found	Value

Notes

Date _____ Time _____
Location _____
GPS _____

Machine used

Settings used

Item found	Value

Notes

Date _____ Time _____
Location _____
GPS _____

Machine used

Settings used

Item found	Value

Notes

Date _____ Time _____
Location _____
GPS _____

Machine used

Settings used

Item found	Value

Notes

Date _____ Time _____

Location _____

GPS _____

Machine used

Settings used

Item found	Value

Notes

Date _____ Time _____

Location _____

GPS _____

Machine used

_____

Settings used

_____

_____

_____

Item found	Value

Notes

Date _____ Time _____

Location _____

GPS _____

Machine used

Settings used

Item found	Value

Notes

Date _____ Time _____
Location _____
GPS _____

Machine used

Settings used

Item found	Value

Notes

Date _____ Time _____

Location _____

GPS _____

Machine used

_____

Settings used

_____

_____

_____

Item found	Value

Notes

Date _____ Time _____

Location _____

GPS _____

Machine used

_____

Settings used

_____

_____

_____

Item found	Value

Notes

Date _____ Time _____
Location _____
GPS _____

Machine used

Settings used

Item found	Value

Notes

Date _____ Time _____

Location _____

GPS _____

Machine used

_____

Settings used

_____

_____

_____

_____

Item found	Value

Notes

Date _____ Time _____
Location _____
GPS _____

Machine used

Settings used

Item found	Value

Notes

Date _____ Time _____

Location _____

GPS _____

Machine used

_____

Settings used

_____

_____

_____

Item found	Value

Notes

Date _____ Time _____
Location _____
GPS _____

Machine used

Settings used

Item found	Value

Notes

Date _____ Time _____
Location _____
GPS _____

Machine used
_____

Settings used

_____
_____
_____

Item found	Value

Notes

Date _____ Time _____
Location _____
GPS _____

Machine used

Settings used

Item found	Value

Notes

Date _____ Time _____
Location _____
GPS _____

Machine used

_____

Settings used

_____
_____
_____

Item found	Value

Notes

Date _____ Time _____
Location _____
GPS _____

Machine used

Settings used

Item found	Value

Notes

Date _____ Time _____

Location _____

GPS _____

Machine used

_____

Settings used

_____

_____

_____

Item found	Value

Notes

Date _____ Time _____
Location _____
GPS _____

Machine used

Settings used

Item found	Value

Notes

Date _____ Time _____
Location _____
GPS _____

Machine used

Settings used

Item found	Value

Notes

Date _____ Time _____
Location _____
GPS _____

Machine used

_____

Settings used

_____
_____
_____

Item found	Value

Notes

Date _____ Time _____
Location _____
GPS _____

Machine used

_____

Settings used

_____
_____
_____

Item found	Value

Notes

Date _____ Time _____

Location _____

GPS _____

Machine used

_____

Settings used

_____

_____

_____

Item found	Value

Notes

Printed in Great Britain
by Amazon

750645970